BEI GRIN MACHT SICH IHR WISSEN BEZAHLT

- Wir veröffentlichen Ihre Hausarbeit,
  Bachelor- und Masterarbeit

- Ihr eigenes eBook und Buch -
  weltweit in allen wichtigen Shops

- Verdienen Sie an jedem Verkauf

Jetzt bei www.GRIN.com hochladen
und kostenlos publizieren

Bibliografische Information der Deutschen Nationalbibliothek:

Die Deutsche Bibliothek verzeichnet diese Publikation in der Deutschen National-
bibliografie; detaillierte bibliografische Daten sind im Internet über http://dnb.d-
nb.de/ abrufbar.

Impressum:

Copyright © 2002 GRIN Verlag, Open Publishing GmbH
Druck und Bindung: Books on Demand GmbH, Norderstedt Germany
ISBN: 9783656058304

Dieses Buch bei GRIN:

http://www.grin.com/de/e-book/6648/storage-area-network-grundlagen-und-
basistechnologie

Kay Preißler

Storage Area Network - Grundlagen und Basistechnologie

GRIN Verlag

Hausarbeit

Storage Area Network
Grundlagen und Basistechnologie

Im Rahmen der Vorlesung

Betriebsinformatik III

Sommersemester 2002

Fachhochschule für Oekonomie und Management (FOM)

vorgelegt von

Kay Preißler

Essen, 08.07.2002

Inhaltsverzeichnis

Abbildungsverzeichnis

Tabellenverzeichnis

1. Einleitung

1.1. Einführung

Nur wenige Entwicklungen haben die Welt so nachhaltig verändert wie der Computer - und hier speziell das Internet. Für Unternehmen ist es daher vor allem wichtig, dieses Medium für ihr Business zu nutzen. Dieser Trend ließ das Internet und die damit verbundenen Informationen spürbar wachsen.

Gemäß einer Studie der "University of California at Berkeley" solle sich die Datenmenge in den nächsten 2,5 Jahren sogar verdoppeln.[1]

Im Zuge neuer Technologien, z.B. RAID 1, wurden Speichermedien, die diese Informationsflut auffangen und festhalten, immer günstiger.

Durch die Kommunikationsfreudigkeit der Menschen und der Erkenntnis, dass Kommunikation zwischen Computern von großem Vorteil ist, wurden die Systeme untereinander vernetzt. Das Local Area Network (LAN) war geboren und brachte neue bis heute gültige Strukturen mit sich.

Durch diese Vernetzung ergaben sich neue Anforderungen an die Server in LANs. Es mussten nun alle Anfragen der Clients abgearbeitet werden.

Parallel hierzu wurden neue Kommunikationswege entwickelt. In Zukunft sollten Informationen völlig zeit- und raumunabhängig abrufbar sein.

Dies macht deutlich, dass auch die Speichermedien weiterentwickelt werden müssen, um dem Wachstum der Informationsmenge standzuhalten.

Für Unternehmen bedeutet dies bezüglich E-Business, ERP (z.B. SAP, eine betriebswirtschaftliche Standardsoftware) oder Data Warehousing, dass die Datenflut in Zukunft von Spezialisten administriert werden muss. Auch hier, unternehmensintern, ist eine Verdoppelung der Daten alle 15 Monate zu erwarten.

An dieser Stelle spielt der Faktor Zeit eine entscheidende Rolle. Eine moderne LAN-Infrastruktur ermöglicht, zwischen 22:00 Uhr und 06:00 Uhr 1,4 TB Daten zu speichern bzw. zu sichern. In dieser Zeit müssen sämtliche Anwendungen

---

[1] vgl. BROCADE: The Essential Elements of a Storage Networking Architecture (White Paper), 2001, S. 1

heruntergefahren werden. Wächst die Datenmenge, z.B. durch zusätzliche Server, so vergrößert sich das Zeitfenster und gerät mit dem Tagesgeschäft in Konflikt. [2] Ein Storage Area Network (SAN) ist nun eine Lösung, um übergroße Datenvolumina zu verwalten und die Daten schneller verfügbar zu machen. Die traditionelle Art, an Applikations-Servern den Speicher zu erweitern, z.B. über zusätzliche SCSI-Geräte, ist auf lange Sicht zu kostenintensiv. Diese Methode ist nicht effizient genug, um kritische Daten zu speichern, zu verwalten und zu schützen. Jede Speichereinheit für sich muss administriert werden. Ausserdem ist die Applikation während der Speichererweiterung oder -verringerung nicht verfügbar. [3]

Aus einer Studie von KPMG gehen folgende Vorteile eines SANs hervor:

> Reduzierung von finanziellen Ausgaben
> effizienteres Arbeiten der IT-Angestellten
> höhere System- und Applikationsverfügbarkeit
> hoch skalierbare und flexible Speicherarchitektur
> optimale und effizientere Nutzung der unternehmensweiten Informationsstrukuren
> freie Skalierbarkeit von Speichermedien.

Die oben genannten Vorteile bilden für Unternehmen einen signifikanten Wettbewerbsvorteil und machen "Storage Area Networks" zu einem strategisch wichtigen Faktor im Zeitalter der Globalisierung. [4]

---

[2] vgl. Robbe, B.: SAN - Storage Area Networks, Hanser Verlag, 2001, München, Wien, S. 3
[3] vgl. BROCADE: The Essential Elements of a Storage Networking Architecture (White Paper), 2001, S. 1
[4] vgl. BROCADE / KPMG: Case studies on the business impact and strategic value of Storage Area Networks, 2001, S. 1

1.2. Vorgehensweise

Diese Hausarbeit vermittelt die Grundlagen eines Storage Area Networks. Hierzu zählen neben der Begriffsdefinition mit Abgrenzung zum Network Attached Storage (NAS), die Basistechnologien und -architekturen.

Aufgrund des eingeschränkten Umfangs der Hausarbeit wird darauf hingewiesen, dass nicht alle technischen Details eines SANs erörtert werden können.
Die Ausarbeitung soll dem Leser lediglich ein Grundverständis und ein Gefühl für diese Thematik vermitteln.

2. Allgemeiner Überblick - Storage Area Networks

2.1. Definition

Es gibt vielfältige Definitionen von SANs. Der SAN-Anbieter Hewlett Packard (HP) definiert den Begriff SAN folgendermaßen:
Ein "[...]Storage Area Network (SAN) ist ein hoch verfügbares, leistungsstarkes, dediziertes Massenspeicher Netzwerk, das Server und Massenspeicher in einer sicheren, flexiblen und skalierbaren Architektur verbindet.
Es erlaubt die Verwendung unterschiedlicher Massenspeichersysteme und dient als Grundlage der Speicherkonsolidierungsstrategien. Ein zentralisiertes Speichermanagement erleichtert die Arbeit der Administratoren und führt in der Regel durch Effizienzerhöhung und einer effektiveren Ausnutzung der vorhandenen Ressourcen zu Kostenreduktionen. Durch die einfache Erweiterbarkeit um zusätzlichen Massenspeicher oder weitere Server wird die Skalierbarkeit der IT Infrastruktur erhöht." [5]

Das Storage Area Management (SAM) beschreibt HP mit einem Zitat der Gartner Group: "Zentralisiertes Management von Ressourcen und Daten über eine Speicherdomäne hinweg, die "Shared Services" einer Gruppe von Servern und deren Applikationen zur Verfügung stellt." (Gartner Group) [6]

---

[5] HEWLETT-PACKARD: Was ist SAN?, 2002
[6] vgl. HEWLETT-PACKARD: Storage Strategie, 2002

2.2. Grundlegende Architektur

Die Tatsache, dass ein SAN ein Hochgeschwindigkeitsnetzwerk zwischen Servern (Hosts) und Speichersubsystemen (Kapitel 2.3) darstellt, ermöglicht eine "any to any"-Verbindung durch das gesamte Netzwerk - es bestehen nicht mehr die klassischen dedizierten Verbindungen zwischen diesen Komponenten. Der Anspruch der Hosts, Speichersubsysteme zu "besitzen" und zu "handhaben", wird eliminiert.

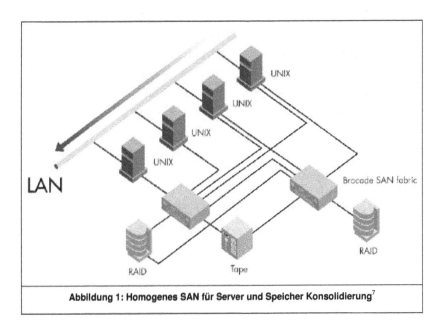

Abbildung 1: Homogenes SAN für Server und Speicher Konsolidierung[7]

2.3. Speichersubsysteme

Speichersubsysteme sind Festplattentürme (RAID), Tape-Roboter oder WORMs (Write Once Read Many). Die gespeicherten Daten sind hierachisch abgelegt. Je nach Art der Information, d.h. wie "alt" diese ist oder wie schnell diese verfügbar sein muss, ist der Datenträger schneller (Festplatte) oder langsamer (Band-Roboter). Während Clients über das LAN angeschlossen werden, erfolgt dies bei

---

[7] vgl. BROCADE: The Essential Elements of a Storage Networking Architecture (White Paper), 2001, S. 2

Subsystemen u.a. über die Protokolle SCSI, SSA oder ESCON direkt mit den Servern. Innerhalb eines SANs wird der Verbund über die Fibre-Channel-Technologie (Kapitel 3) realisiert.

Die Speichersubsysteme werden durch die SAN-Architektur unabhängig von den Servern und damit von den Plattformen. Die Plattformunabhängigkeit ermöglicht es, dass ein Speichersubsystem an einem oder an mehren Servern angeschlossen werden kann. Ein SAN dient dazu, dass Server und Speicher große Datenmengen mit hohen Geschwindigkeiten untereinander austauschen können. Dabei ist das oberste Ziel, das LAN zu entlasten. Daraus resultiert für Speichersubsysteme ein verbesserter Datenzugriff, ein einfacheres Datenmanagement, große Flexibilität, hohe Sicherheit. Auch ergeben sich neue Verfahren wie z.B. True Data Sharing (verteilte Filesysteme, Datenbanken, etc.) oder LAN- bzw. Server-Free-Backup (Entlastung des LANs bzw. Servers während des Backups).[8]

2.4. Grundlegende Vorteile

Hier sind die Vorteile eines SANs im Überblick genannt:[9] [10]

a) Entfernungen

Zwei Knoten (Nodes) können im SAN bis zu 10 km entfernt sein. Es gibt auch Geräte, die bis zu 60 km überwinden. Die typischen SCSI-Restriktionen, gemeint sind u.a. die kurzen Kabelverbindungen, sind hier nicht mehr gegeben.

---

[8] vgl. Robbe, B., S. 24 ff
[9] vgl. Clark, T.: Designing Storage Area Networks, Addison-Wesley, 1999, S. 20 ff
[10] vgl. Robbe, B., S. 30 ff

b) Anschlussmöglichkeiten

Die Anzahl der installierten Knoten eines SANs kann bis zu 16 Millionen betragen. Knoten sind Server, diverse Speichersubsysteme und verschiedene Netzwerkkomponenten. Diese lassen sich beliebig untereinander vernetzen. Beim klassischen SCSI sind nur maximal 15 Geräte pro Server anschließbar Man spricht in diesem Zusammenhang auch von Dateninseln.

c) Skalierbarkeit

Innerhalb einer SAN-Architektur lassen sich Geräte verschiedenster Hersteller miteinander kombinieren. Hier sichern ANSI-Standards eine reibungslose Kommunikation. Geräte können an dieser Stelle auch NAS-Devices (Network Attached Storage, Kapitel 2.5.) sein.

d) Leistungsfähigkeit

Ein SAN bietet zur Zeit die schnellste Kommunikation zwischen: Servern untereinander (Server to Server), zwischen Servern und Speichersubsystemen (Server to Storage) und zwischen Subsystemen untereinander (Storage to Storage). Bisher werden Übertragungsraten von 100 MB/sec erzielt. Die Entwicklung steuert aber schon auf 200, 400 und 1.000 MB/sec zu.

e) Verfügbarkeit

Die Mehrzahl der heutigen Unternehmensapplikationen müssen 7 Tage in der Woche und 24 Stunden am Tag verfügbar sein.[11] Die hohe Performance, mit der die Fibre-Channel-Technologie innerhalb eines SANs realisiert wird, macht die geforderten Hochverfügbarkeitsstrukturen möglich.

---

[11] vgl. BROCADE: The Essential Elements of a Storage Networking Architecture (White Paper), 2001, S. 3

f) Einfaches Management

Hinsichtlich des Storage Area Managements (SAM) kann die gesamte SAN-Infrastruktur zentral verwaltet werden. Hier ist neben der Administration auch das Datenmanagement anwenderfreundlich zu handhaben. Ein Backup kann zu einem beliebigen Zeitpunkt durchgeführt werden. So ist man auf die "arbeitsfreie" Zeit nicht mehr angewiesen.

2.5. Abgrenzung zum Network Attached Storage

Network Attached Storage (NAS) ist - ebenso wie SAN - eine Konsolidierungsstrategie von Datenbeständen und deren Diensten. Auch hier wird eine Kostenreduzierung sowie die Nutzung von Synergieeffekten angestrebt.
Beim NAS werden, über IP-Netzwerke, Dateien und Dateisysteme mit Hilfe von File-Servern verfügbar gemacht (End-to-End). Diese Geräte werden auch in SANs als Speichersubsysteme eingesetzt und nutzen die SAN-Architektur zur Kommunikation untereinander. NAS-File-Server bieten ein effizienteres Daten-Sharing bei deutlich geringerem Administrationsaufwand durch Zentralisierung.
Die Clients im LAN können über unterschiedliche Netzwerkmedien und Protokolle auf die Storage Devices zugreifen. Die gängigsten Protokolle sind hier das Network File System von SUN (NFS) in UNIX-Umgebungen und das Common Internet File System (CIFS) in Microsoft Windows NT-Umgebungen.
Ein NAS setzt sich aus drei Teilen zusammen:

1. Ein, üblicherweise redundant konfigurierter, Standard-PC (File-Server) mit einem auf Speicheroperationen ausgelegten Betriebssystem (OS); verbunden mit Clients im Netzwerk (Network Attached Clients).

2. Ein weiterer PC als Management-Prozessor zur Konfiguration und Verwaltung der NAS-Umgebung.

3. Den eigentlichen Speichereinheiten (Storage Devices) wie Disk Arrays, die das Speichersubsystem im SAN bilden.[12]

---

[12] vgl. Sollbach, W.: Storage Area Networks/Network Attached Storage, Addison-Wesley, 2002
S. 24 ff

Beide Verfahren bieten jeweils Zugang zu einem bestimmten Datentyp. SANs wurden für blockorientierten, hoch voluminösen Datenverkehr optimiert, während das NAS Datenzugriffe auf Dateiebene realisiert.

Wie oben bereits erwähnt, wird NAS in IP-Netzwerken eingesetzt und verwendet entsprechend das IP-Protokoll. SANs hingegen verwenden das Fibre-Channel-Protokoll in Fibre-Channel-Netzwerken. Ein SAN unterstützt eine Vielzahl von Applikationen. Zudem bietet es Raum für NAS-Geräte. Ein NAS ist auf Applikationen beschränkt, welche dateibasierend auf Daten zugreifen. NAS-Devices erlauben Unternehmen, schnell und einfach Dateispeicherkapazitäten in ihre Ethernet-Infrastruktur zu implementieren (10/100 Mbit oder Gigabit). Sie sind verhältnismäßig einfach zu konfigurieren und zu betreiben.[13]

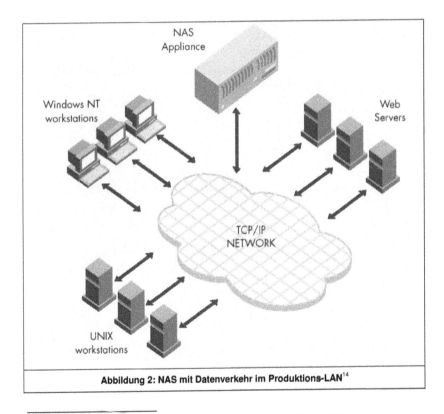

Abbildung 2: NAS mit Datenverkehr im Produktions-LAN[14]

---

[13] vgl. BROCADE: Comparing Storage Area Networks and Network Attached Storage (White Paper), 2001, S. 1

[14] vgl. BROCADE: Comparing Storage Area Networks and Network Attached Storage (White Paper), 2001, S. 4

In technischen Umgebungen, in denen Daten über weite Strecken transportiert werden müssen (MAN, WAN), finden NAS-Devices den idealen Einsatz werden. Da NAS-Anfragen oft kleinere Datenmengen betreffen, werden so "schmale" Datenleitungen, z.B. ISDN, nicht übermäßig belastet.

	SAN	NAS
Protokoll	➢ Fibre Channel ➢ Fibre Channel-to-SCSI	➢ TCP/IP
Applikation	➢ Kritische transaktions- und datenbankbasierte Applikationsprozesse ➢ Zentrale Datensicherung ➢ Disaster Recovery (Wiederherstellung kompletter Systembereiche) ➢ Speicherkonsolidierung	➢ File Sharing mit NFS und CIFS ➢ Transfer kleinerer Datenpakete über große Distanzen ➢ beschränkter Lesezugriff auf Datenbestände
Vorteile	➢ Hochverfügbarkeit ➢ Zuverlässigkeit des Datentransfers ➢ Entlastung des primären Netzwerkes ➢ Flexible Konfiguration ➢ Hohe Performance ➢ Hohe Skalierbarkeit ➢ Zentralisiertes Management ➢ Nicht zwingend proprietär	➢ Geringe Einschränkungen bzgl. Entfernungen ➢ Einfache Erweiterung von File-Sharing-Kapazitäten ➢ Einfacher Einsatz und Instandhaltung

Tabelle 1: SAN und NAS Charakteristika auf einen Blick[15]

---

[15] vgl. BROCADE: Comparing Storage Area Networks and Network Attached Storage (White Paper), 2001, S. 6

3. SAN Basistechnologie - Fibre Channel

3.1. Standardisierung (FC-PH)

Die im SAN eingesetzte Technologie ist "Fibre Channel". Viele Funktionen eines SANs werden erst dadurch realisiert.

Fibre Channel ist eine nach dem ANSI-Standard festgelegte Netzwerkarchitektur. Das Basis-Dokument "Fibre Channel Physical and Signaling Interface", kurz "FC-PH"[16], definiert die physikalischen Schnittstellen sowie die einzelnen Schichten des Protokolls (FC-0 bis FC-4). Dabei legt Fibre Channel den Datentransfer durch das Netzwerk mit 100 Mbyte/sec (1.065 Megabit) fest. Weitere ANSI-Standards sind die Erweiterungen "Fibre Channel Physical and Signaling Interface-2" (FC-PH-2) [17] und "Fibre Channel Physical and Signaling Interface-3" (FC-PH-3)[18]. FC-PH-2 beschreibt Übertragungsraten von 200 MB/sec bzw. 400 MB/sec. FC-PH-3 beschreibt Übertragungsgeschwindigkeiten von bis zu 1.000 MB/sec[19].

3.2. Protokoll-Schichten

Fibre Channel ist eine Mehrschicht-Architektur (Multilayer).

Die untersten Ebenen FC-0 bis FC-2 bilden das in Kapitel 3.1 beschriebene "Fibre Channel Physical and Signaling Interface" (FC-PH).

Die in Tabelle 2 dargestellten Schichten definieren das physikalische Übertragungsmedium und die Übertragungsraten, das Kodierungsschema, das Framing-Protokoll und die Flow Control, die allgemeinen Dienste sowie die Protokollschnittstellen zu den Anwendungen der oberen Schicht.

---

[16] ANSI-Standard seit 1994
[17] ANSI-Standard seit 1997
[18] ANSI-Standard seit 1999
[19] vgl. Robbe, B., S. 31

Schicht	Funktion	Anwendungsbeispiel
FC-4	Upper-layer protocol interface	SCSI-3, IP, SBCCS, HiPPI, Kopplung
FC-3	Allgemeine Dienste	FC-CT: Login-Server, Fabric/Switch-Controller, Name-Server, Management-Server, Time-Server, Alias-Server, Qualitiy of Service, Class 6 Multicast-Server
FC-2	Datentransport	Framing, flow control, service class
FC-1	Ordered sets/byte encoding	8b/10b encoding, link controls
FC-0	Physikalische Schnittstelle	Optisch/elektrisch, Kabelbetrieb

Tabelle 2: Fibre Channel Schichten[20]

Die oberste Schicht FC-4 dient dem Upper Layer Protocol Mapping (UPL Mapping). Hier sind alle Schnittstellen zu anderen Protokollen definiert, um den Datenverkehr verschiedenster Anwendungen, z.B. Audio/Video, Real-Time-Computing, über dasselbe physikalische Medium zu gewährleisten.

Die Schicht FC-3 definiert eine Sammlung von Diensten, die für die switched Fibre Channel-Topologie (Kaptiel 4.2.) nötig sind. Diese Dienste werden unter dem "Fibre Channel Common Transport Protocol" (FC-CT) zusammengefasst.

FC-2 legt das Signal-Protokoll fest und definiert die Übertragung von Daten-Frames, Frame-Folgen und den Datenaustausch.

FC-1 beschreibt das, für die serielle Übertragungstechnik relevante, acht-Bit/10-Bit-Kodierungs-/Dekodierungs- und Übertragungs-Protokoll.

FC-0 definiert die physikalischen Charakteristika der Schnittstellen und Übertragungsmedien (Kabel, Konnektoren, Treiber, Transmitter und Receiver).[21]

---

[20] vgl. Clark, T., S. 24
[21] vgl. Sollbach, W., S. 86 ff

3.3. Topologien

Fibre Channel "verpackt", wie in anderen Netzwerken auch, die Datenpakete in Frames und verschickt sie seriell an den Empfänger. Hierzu nutzt Fibre Channel drei wesentliche Topologien, um Knoten untereinander zu verbinden. Tabelle 3 stellt diese einander gegenüber:

	Point-to-Point	Arbitrated Loop	Switched Fabric
Anzahl der möglichen Ports	2	2 bis 127	2 bis 15.663.104
Adressierung	Durch den N-Port	Loop-Initialisierung	Durch das Fabric
Anzahl der gleichzeitigen Schleifen	1	1	Anzahl der Ports dividiert durch 2
Zur Zeit mögliche Bandbreite	200 MB/sec, "full duplex"	200 MB/sec, "full duplex"	Anzahl der Ports dividiert durch 2 x 200 MB/sec, "full duplex"

Tabelle 3: Topologie-Vergleich[22]

3.3.1. Point-to-Point

Eine Punkt-zu-Punkt-Topologie (Point-to-Point) verbindet ausschließlich zwei Endgeräte über Fibre Channel, z.b. einen Fibre Channel-Host-Bus-Adapter (HBA) mit einem Fibre Channel Systemadapter eines Speichersubsystems (Storage Array). Diese dedizierte Verbindung hat eine Bandbreite von 100 Mbyte in jede Richtung (200 MB/sec Full-Duplex). Da nur zwei Knoten miteinander Datenpakete (Frames) austauschen, wird kein spezielles Protokoll verwendet. Die Frames werden vom "Transmitter" des einen Knoten-Ports ausgestrahlt und in bestimmten Zeitintervallen vom "Receiver" des anderen Ports empfangen. Damit eine Kommunikation mit anderen Topologien möglich ist, wird trotzdem jeder Frame mit einer Adresse versehen, obwohl dies eigentlich nicht nötig wäre.[23]

---

[22] vgl. Robbe, B., S. 32
[23] vgl. Clark, T., S. 48

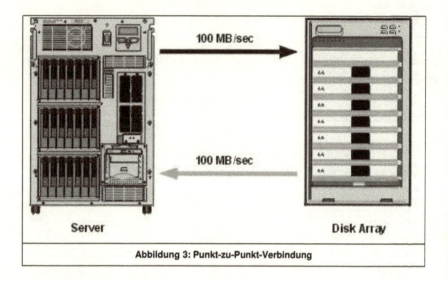

100 MB/sec

100 MB/sec

Server   Disk Array

Abbildung 3: Punkt-zu-Punkt-Verbindung

3.3.2. Arbitrated Loop (FC-AL)

FC-AL ist mit der Token Ring-Topologie vergleichbar. Hierbei handelt es sich um eine unidirektionale Verbindung zwischen den Knoten. Am Server beginnend, werden die Frames immer zum nächsten Knoten (Node) gesendet, so lange bis der Empfänger erreicht ist. Der "Receiver"-Knoten schickt seine Empfangsbestätigung in gleicher Weise zurück. Es bildet sich eine Schleife (Loop), die maximal 126 Knoten enthalten kann.

Damit zwei Nodes (Knoten) miteinander kommunizieren können, wird unter allen Teilnehmern innerhalb der Schleife ausgehandelt ("arbitriert"), wer als nächster einen Datentransfer ausführen darf.

Einer entstandenen Verbindung steht eine Bandbreite von 100 MB/sec zur Verfügung. Allerdings müssen sich alle aktiven Teilnehmer in einer Schleife die Bandbreite teilen, wodurch die effektive Datenrate wesentlich geringer ist.

Ein weiterer Nachteil einer Fibre Channel Loop ist, dass sobald die Loop an irgendeiner Stelle unterbrochen ist, z.B. durch ein defektes Kabel, keine Kommunikation mehr möglich ist. Der Loop ist dann "inoperable". Daher wird üblicherweise ein Loop mit Hilfe von Hubs aufgebaut. Solch ein Hub enthält dann intern die Loop-Topologie. Die einzelnen Geräte werden über eine Point-to-Point-

Verbindung mit dem Hub verbunden. Man spricht auch von der Fibre Channel-Hub-Topologie.[24] [25]

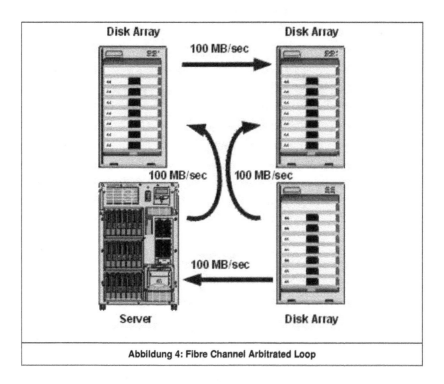

Abbildung 4: Fibre Channel Arbitrated Loop

3.3.3. Switched Fabric (FC-SW)

Die Terminologie "Fabric" impliziert, dass in einem SAN mindestens ein Switch verwendet wird (Switch-Struktur). Üblich ist auch die Bezeichnung "Switched Fabric".

Die Hauptfunktion eines Switches ist das Empfangen und Weiterleiten (Routing) von (Data-)Frames eines Absenderknotens zu einem Empfängerknoten.

Jedem Knoten ist eine eindeutige Fibre Channel-Adresse zugeordenet (WWN, World Wide Name). Über die WWN oder besimmte Port-IDs an den Geräten, wird das Routing durchgeführt. Der Switch ermöglicht so eine unkomplizierte

---

[24] vgl. Sollbach, W., S. 107 ff
[25] vgl. Robbe, B., S. 33 ff

Administration der gesamten Topologie. Die Knoten dieser Topologie müssen die Point-to-Point-Verbindung zum Switch administrieren. Zum Routing werden einfachste Algorithmen eingesetzt. Jeder Knoten legt die Zieladresse (WWN) im Header eines Datenblocks (Frame) ab. Wird die WWN beim Fabric Login, gemeint ist die Anmeldung am Switch, als "falsch" erkannt, so weist der Switch das Login zurück. Sollte ein Datenframe nicht fehlerfrei beim Empfänger abgelegt werden können, so gibt der Switch dem Sender eine "Busy"-Bestätigung zurück. Dieser muss dann den Frame wiederholen.

Fibre Channel-Switches erscheinen den Knoten eines Fibre Channel-Netzes als individuelle Verbindungseinheit des jeweiligen Knotens, d.h. die Anschlüsse des Switches (Ports) werden von den Knoten als diejenigen Stellen gesehen, an denen die einzelnen Knoten physikalisch miteinander verbunden werden können.

Die eigentliche Kommunikation der Knoten untereinander ist nach Fibre Channel-Standards aufgebaut. Während der Initialisierung meldet sich der Knoten beim Login-Server an, erkennt über diesen automatisch die Topologie des Fibre Channel-Netzes und operiert gemäß dieser Topologie.

In einer solchen Infrastruktur können bis zu "2^{24}" (rd. 16 Mlllionen) Knoten mit einer Bandbreite von 100 MB/sec miteinander verbunden werden.[26]

Eine Switched Fabric-Topologie bietet zwei Arten, Datenframes zu übertragen. Entweder wird ein dedizierter Pfad (Route) mit Bandbreiten durch die FC-SW festgelegt ("connection-oriented"), oder die Datenpakete werden ohne diese Vorgaben übertragen ("connectionless"). Bei der verbindungslosen Daternübertragungsart werden daher, wie oben beschrieben, die Datenpakete mit Adressen versehen. Die "Intelligenz" der Netzinfrastruktur sorgt dafür, dass die Daten fehlerfrei zum Empfänger gelangen.[27] [28]

---

[26] vgl. Clark, T., S. 76
[27] vgl. Sollbach, W., S. 104 ff
[28] vgl. Robbe, B., S. 34 ff

Der große Vorteil einer Switched Fabric-Struktur ist, dass jeder Knoten mit jedem anderen Knoten bei voller Leistung kommunizieren kann. Für die Knoten ist ein Switch völlig transparent, und sie haben keinerlei Kenntnis über seinen internen "Routing"-Algorithmus.

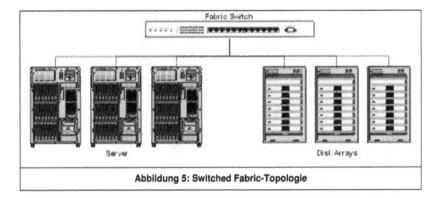

Abbildung 5: Switched Fabric-Topologie

4. Anwendungsbeispiele für Storage Area Networks

Um zu verdeutlichen, wie bisher SANs in Unternemen umgesetzt werden, folgen drei Beispiele für eine mögliche SAN-Architektur:[29]

4.1. Standard SAN

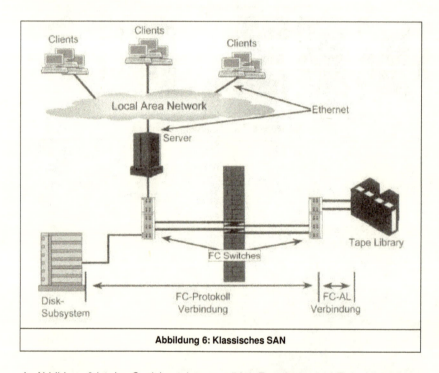

Abbildung 6: Klassisches SAN

In Abbildung 6 ist das Speichersubsystem (hier: Festplatten und Tape Library) an einem Switch angeschlossen. Demnach sind diese Komponenten im gesamten Netz verfügbar und vom Server getrennt. Ein Server-Free-Backup ist mit dieser Lösung möglich.

---

[29] vgl. Robbe, B., S. 221 ff

4.2. Hochsicherheits SAN

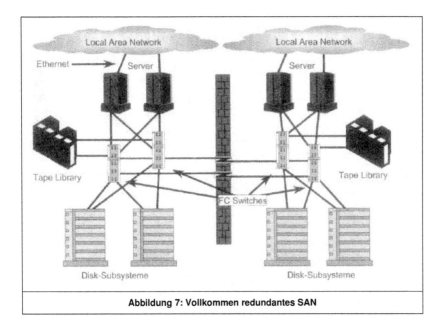

Abbildung 7: Vollkommen redundantes SAN

Abbildung 7 stellt eine Struktur dar, die sehr häufig in den Unternehmen umgesetzt wird, welche sich keinen dauerhaften Ausfall ihrer Systeme leisten können, z.B. Banken. Hier sichert ein zweites, absolut identisches Rechenzentrum (RZ), das erste ab. Bei einem Ausfall würde so das Backup-RZ aktiviert und alle Anwendungen für nur wenige Minuten (u.a. Initialisierungs- und Bootzeiten) unterbrechen.

4.3. Komplexes SAN

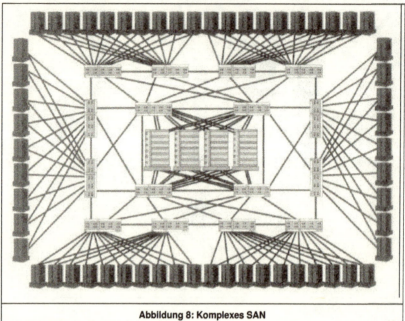

Abbildung 8: Komplexes SAN

In Abbildung 8 ist ein komplexeres SAN dargestellt. Hier sind 58 Server mit 4 Disk Arrays verbunden. Zum Einsatz kommen 16 Switches mit je 16 Ports. Die Server sind durch zwei Fibre Channel Adapter redundant ausgelegt.

In diesem Beispiel können bis zu 8 Switches gleichzeitig ausfallen, ohne die Funktionsfähigkeit des SANs zu gefährden.

5. Fazit und Ausblick

Die Hauptmotive für die Einführung von Speichernetzwerken sind die zunehmenden Konsolidierungsstrategien der Unternehmen und sprunghaft wachsende Datenmengen. Untrennbar damit verbunden sind Backup und Restore sowie die Integration in die Administrationsumgebung.

Wie man gemäß Kapitel 4 sieht, sind Storage Area Networks wesentlich komplexer als gewöhnliche Speicherumgebungen. Diese Komplexität erfordert eine genaue Planung und Analyse, bevor es in Unternehmen zur Implementierung kommt. Laut einer Studie vom SAN-Anbieter "Brocade Communications Systems Inc.", haben heutzutage erst 33% der IT-Manager ein SAN in Produktion. 67% haben mit der Implentierung begonnen oder studieren noch die komplexe Technologie.

Roger Cox, ein Experte in der Storage-Szene (der Autor) vertritt die Auffassung, dass die Technologie Fibre Channel weiter führend sein wird[30]. Eine Entwicklung stellt in diesem Zusammenhang FCIP dar (Fibre Channel over IP), welche Datenframes in IP-Pakete assembliert, diese über das Internet verschickt und an der Empfängerseite wieder disassembliert.

Die anspruchsvolle SAN-Technologie zwingt die jeweiligen Anwender sowie Anbieter zu einer kontinuierlichen Auseinandersetzung mit der Fortentwicklung dieser Thematik.

---

[30] aus: Cox, R.: Storage: The New IT Gorilla, Gartner Dataquest Storage, General Session, STR17, 06/01, 2001, Stamford, S. 18

Anhang

Fibre Channel ANSI-Standards

Fibre Channel Physical and Signaling Interface ANSI x3.230: 1994

Fibre Channel 2nd Generation Physical Interface ANSI X3.297: 1997

Fibre Channel 3rd Generation Physical Interface ANSI X3.303: 1998

Fibre Channel Fabric Generic Requirements ANSI X3.289:1996

Fibre Channel Mapping to HIPPI-FP ANSI X3.254: 1994

Fibre Channel Generic Services ANSI X3.287: 1996

Fibre Channel Link Encapsulation ANSI X3.287.: 1996

Fibre Channel Physical and signaling Interface Amendment #1 ANSI X3.230: 1994/AM1: 1996

Fibre Channel Physical and signaling Interface Amendment #2 ANSI X3.230/AM2-1999

Fibre Channel Mapping of Single Byte Command Code Sets ANSI X3.271: 1996

Fibre Channel Arbitrated Loop ANSI X3.272: 1996

Abkürzungen

ANSI	American National Standards Organisation
bzgl.	bezüglich
CIFS	Common Internet File System
ERP	Enterprise Resource Planing
ESCON	Enterprise System Connection
HBA	Host Bus Adapter
IP	Internet Protocol
ISDN	Integrated Services Digital Network
LAN	Local Area Network
MAN	Metropolitan Area Network
MB	Megabyte
NAS	Network Attached Storage
NFS	Network File System
OS	Operating System
RAID	Redundant Array of Inexpensive Disks
RZ	Rechenzentrum
SAM	Storage Area Management
SAN	Storage Area Network
SCSI	Small Computer Systems Interface
sec	second
SSA	Serial Storage Architecture
TB	Terrabyte
TCP	Transmission Control Protocol
u.a.	unter anderem
WAN	Wide Area Network
WORM	Write Once Read Many
WWN	World Wide Name
z.B.	zum Beispiel

Quellenverzeichnis

Robbe, Björn: SAN - Storage Area Networks, Hanser Verlag, 2001, München, Wien

Clark, Tom: Designing Storage Area Networks, Addison-Wesley Longmann Inc., 1999

Sollbach, Wolfgang: Storage Area Networks/Network Attached Storage, Addison-Wesley Longmann Inc., 2002

Cox, Roger: Storage: The New IT Gorilla, Gartner Dataquest Storage, General Session, STR17, 06/01, 2001, Stamford

Brocade Communications Systems Inc. / KPMG: Case studies on the business impact and strategic value of Storage Area Networks, in: http://www.brocade.com/san/industry_reports.jhtml, 2001

Brocade Communications Systems Inc.: The Essential Elements of a Storage Networking Architecture (White Paper), in: http://www.brocade.com/san/white_papers.jhtml, 2001

Brocade Communications Systems Inc.: Comparing Storage Area Networks and Network Attached Storage (White Paper), in: http://www.brocade.com/san/white_papers.jhtml, 2001

Hewlett-Packard GmbH: Was ist SAN?, in: http://www.hewlett-packard.de/netzwerk/san/grundlagen.html, 2002

Hewlett-Packard GmbH:Storage Strategie, in: http://www.hewlett-packard.de/massenspeicher/strategie2.html, 2002